ACHT MENSCHENPFLICHTEN

In säkularen und demokratischen Gesellschaften

Karl Stickler

Bibliografische Information der Deutschen Nationalbibliothek:
Die Deutsche Nationalbibliothek verzeichnet diese Publikation in der Deutschen Nationalbibliografie; detaillierte bibliografische Daten sind im Internet über http://dnb.dnb.de abrufbar.

Titelfoto und alle anderen Fotos: PIXABAY

Herstellung und Verlag: BoD – Books on Demand, Norderstedt

ISBN: 9783750409156

„Wir sind aus einem Land, in dem Armut, Krieg und politische Instabilität herrscht, in dieses friedliche, sichere und wohlhabende Land gekommen.

Es ist ganz natürlich für uns, dass wir von den Menschen in diesem neuen Land lernen wollen, wie so eine friedliche Gesellschaft funktioniert!

Selbstverständlich werden wir uns an diese neue Kultur so weit anpassen, dass wir einen Beitrag für dieses Land leisten können.

Denn wir sind dankbar dafür, dass wir jetzt in diesem Land leben dürfen!"

Abdul & Samira

(zwei Flüchtlinge, die ich für die Recherchen zu meinem Buch interviewt habe)

INHALT

EINLEITUNG

Im Jahr 2019, in dem dieses Büchlein erscheint, gibt es in der Europäischen Union – und nicht nur dort - eine andauernde Diskussion über Flüchtlinge und das Thema Integration. Das Thema Migration könnte in Zukunft eine noch stärkere Bedeutung bekommen, wenn zu den Flüchtlingen aus Konfliktregionen noch Klimaflüchtlinge kommen, die vor Überschwemmungen und Dürre flüchten, die durch den Klimawandel verursacht wurden.

Beim Thema Flucht pochen sowohl Menschenrechtsaktivist*innen als auch Flüchtlinge selbst auf Rechte, die durch internationale Abkommen verbrieft sind – und das ist auch gut so.

Was dabei jedoch zu kurz kommt ist eine Diskussion über die Pflichten, die jene Menschen haben oder haben sollten, die auf ihr Asylrecht pochen und etwa in der Europäischen Union leben wollen. Denn die europäischen Länder unterscheiden sich fast immer in zwei Faktoren von den Herkunftsländern der Flüchtlinge: die politischen Systeme sind demokratisch, und sie sind weitgehend säkular, das heißt: Religionen werden im Privatleben praktiziert und sind von den staatlichen Institutionen und vom Wirtschaftsleben weitgehend getrennt.

Diese zwei Faktoren – Demokratie und Säkularität – sind vermutlich auch das Erfolgsrezept der Europäischen Union, das zur Friedlichkeit und Stabilität bzw. Sicherheit auf diesem Kontinent geführt hat: denn Demokratien sorgen dafür, dass alle politischen Kräfte im Land zu Wort kommen und bei Wahlen eine politische Mitsprache anstreben können (jedoch auch akzeptieren, wenn andere politische Kräfte die Bevölkerung bei einer Wahl stärker überzeugen konnten). Wenn andererseits Religionen nur mehr im Privatleben praktiziert werden, fällt damit ein möglicher Konfliktfaktor im öffentlichen Leben weg.

Was sich in den europäischen Ländern parallel zu Demokratie und Säkularität weitgehend entwickelt hat ist eine "solidarische Gesellschaft": Menschen zahlen Steuern, um öffentliche Einrichtungen, ein Gesundheits-, Bildungs- und Sozialsystem zu finanzieren. Auch wenn der oder die Einzelne sich vielleicht ab und zu über die Steuerbelastung ärgert, besteht doch ein Konsens darüber, dass der Staat gemeinsam finanziert wird und – wenn es Gesundheits- und Sozialsysteme betrifft – die Gesunden Beiträge für die Versorgung der Kranken und Schwächeren zahlen, und die Arbeitenden Beiträge für jobsuchende oder arbeitsunfähige Menschen.

Das ist weltweit gesehen keine Selbstverständlichkeit: Vor allem in asiatischen und afrikanischen Ländern gibt es eher "soziotrope" oder "kollektivistische" Kulturen, in denen der Einzelne im Notfall durch die Familie, den Clan oder die Religionsgemeinschaft aufgefangen und versorgt wird – und nicht durch eine Arbeitslosen- oder Pensionsversicherung.

Wer also aus einer anderen Kultur, die sich in Bezug auf Säkularität, Demokratieentwicklung und gesamtgesellschaftlicher Solidarität von den Gegebenheiten in Europa unterscheidet, nach Europa flüchtet, muss also auf "Menschenpflichten" hingewiesen werden, wenn es sie in der Herkunftskultur nicht, oder nicht in dieser Art und Weise gegeben hat.

Auch das Thema Umweltschutz und Klimaschutz wird gerade jetzt, im Jahr 2019 in Europa immer wichtiger: die jugendliche Greta Thunberg hat mit ihrer "Fridays for Future" Kampagne das Thema Klimawandel sehr stark in die Öffentlichkeit gebracht – und jeder Mensch in Europa dürfte sich gegenwärtig wohl dessen bewusst sein, dass auch der Einzelne Verpflichtungen zum Schutz der Natur hat (auch wenn leider viele ihr umweltschädigendes Verhalten trotzdem nicht ändern).

Aber das Thema Menschenpflichten betrifft nicht nur Menschen mit Migrationshintergrund: es betrifft generell Menschen, die Rechte einfordern und vielleicht vergessen haben, was der oder die Einzelne in einer solidarischen Gesellschaft und zum Erhalt einer friedlichen, ökologischen Gesellschaft auch beizutragen hat.

Seit ein paar Jahren gibt es etwa eine Diskussion über ein bedingungsloses Grundeinkommen, bei dem dieser Aspekt fast nie mitgedacht wird, nämlich: Haben die Menschen, die eine derartige garantierte Geldleistung bekommen würden tatsächlich überhaupt keine Verpflichtungen – oder müssten sie doch bereit sein, einen Beitrag für die Gemeinschaft zu leisten – auch wenn das keine reguläre bezahlte Arbeit ist?

DIE ALLGEMEINE ERKLÄRUNG DER MENSCHENPFLICHTEN VON 1997

Der Begriff Menschenpflichten ist nicht neu. Bereits 1997 haben sich kluge Köpfe aus aller Welt unter dem Namen "Interaction Council" zusammengefunden, um einen ebensolchen Kodex zu formulieren und als Buch herauszubringen: die Version mit dem deutschen Haupttitel lautet: "Verantwortung – Die allgemeine Erklärung der Menschenpflichten des InterAction Council in vierzig Sprachen".

Dieser Kodex enthält eine Präambel und 19 Punkte, von denen einige jedoch heute, über zwanzig Jahre später, zu missverständlich sein dürften.

KRITIK AN DER ERKLÄRUNG DES INTERACTION COUNCIL

Der 19teilige Kodex des InterAction Council enthält einige Begriffe, die heutzutage – gerade aufgrund der Globalisierung und aufgrund des internationalen Meinungsaustausches über das Internet (das damals noch in den Kinderschuhen steckte) zu diffus erscheinen.

Vor allem ist das der Begriff **"Gerechtigkeit":** Jeder Mensch, der sich heute mit unterschiedlichen Kulturen befasst weiß, dass Gerechtigkeit in unterschiedlichen Ländern durch eine jeweils nationale Gesetzgebung sehr unterschiedlich sein kann: Traurige Extreme sind dabei die Todesstrafe, die noch immer nicht in allen Ländern abgeschafft wurde, die Körperstrafe in Gefängnissen, und die Prügelstrafe in Schulen (die sogar in den USA noch erlaubt ist!).

Man findet Kulturen, in denen Homosexualität bestraft wird oder die Untreue in der Ehe: und jede*r Verantwortliche in diesen Kulturen wird freimütig behaupten, dass das alles *gerechte Strafen* sind, obwohl wir sie in Europa wohl als *unmenschlich* bezeichnen würden (mehr zum Begriff Menschlichkeit gleich weiter unten).

Aber auch hier in Europa – und innerhalb desselben Landes – gibt es unterschiedliche Vorstellungen von Gerechtigkeit: In regelmäßig aufflammenden Diskussionen über Sozialpolitik steht der Wunsch, dass "alle das Gleiche bekommen sollten" sehr oft dem Gedanken gegenüber dass "sich Leistung auszahlen muss" – und zweifellos kann man beiden Argumenten etwas abgewinnen.

Sehr scharfsinnig hat das der Nobelpreisträger Amartya Sen in seinem Buch "Die Idee der Gerechtigkeit" diskutiert: Seine Gedanken sind gerade deshalb so wichtig für uns Europäer*innen, weil er ursprünglich aus einem anderen Kulturkreis kommt. Das Buch wurde 2009 veröffentlicht, also zwölf Jahre nach den "Menschenpflichten 1997" und hat damit eine wichtige, damals noch zu wenig diskutierte Facette für das Thema ans Licht gebracht.

Der Begriff Gerechtigkeit ist also zu diffus.

Auch der Begriff **Solidarität** bedeutet in einer globalisierten Welt von Kultur zu Kultur Unterschiedliches: Wie bereits vorher angemerkt wurde, finden wir in anderen Kulturen oft Völker und Stämme, die eine *"familiale Solidarität"* leben.: Ein Mensch, der in eine Notlage geraten ist, kann dort zu seiner Familie oder zu seinem Clan zurückkehren und wird dort versorgt. Man nennt das auch soziotrope bzw. kollektivistische Kulturen.

In modernen Gesellschaften besteht jedoch Solidarität meist darin, dass Erwerbstätige Steuern zahlen, mit denen dann gesellschaftliche Einrichtungen wie Schulen, Behörden, Sozial- und Gesundheitseinrichtungen finanziert werden: Menschen die hier in eine Notlage geraten, werden fast immer von einem gesamtgesellschaftlich organisierten Sozialsystem aufgefangen. Die Kehrseite dieses Systems kann durchaus sein, dass mehr Menschen als in einer kollektivistischen Kultur isolierter oder sogar einsam leben: man nennt es daher auch "individualistische Kultur". In einer "Migrationsgesellschaft" muss man diese Begriffsunterschiede jenen deutlicher erklären, die von einem Land mit familialer Solidarität in ein Land mit *staatlich organisierter Solidarität* auswandern – woraus andere Verpflichtungen entstehen als in der Herkunftskultur.

Ähnliches trifft auf den Begriff **Menschlichkeit** zu. "Jeder ... hat die Pflicht, alle Menschen menschlich zu behandeln" lautet der erste Artikel der Deklaration von 1997. Im Jahr 2019 findet man noch immer von US-amerikanischen evangelikalen Predigern und Webseiten Tipps, wie stark man Kinder schlagen sollte, damit es gerade richtig ist (weil sie sich nach bestimmten Bibelstellen richten): Haben nicht immer die Christen den Anspruch erhoben, die Vorreiter der Menschlichkeit zu sein? Gibt es andererseits nicht noch immer Kulturen, die Homosexualität als unnatürlich und damit als unmenschlich klassifizieren?

Auch der Begriff Menschlichkeit ist also – zumindest in einem Buch über kulturübergreifende Menschenpflichten - höchstwahrscheinlich zu diffus, auch wenn das letztlich eine sehr traurige Feststellung ist.

Gut und Böse sind weitere Begriffe, die – angelehnt an die bisherigen Absätze – kulturell recht unterschiedlich definiert sein können. Es sind bekanntermaßen zwei Worte, die Religionen gerne für sich beanspruchen – und jeder weiß, dass es bis in die Gegenwart grausame Kriege zwischen Religionsgruppierungen gibt, weil sie eben *nicht* dasselbe unter Gut und Böse verstehen (auch hier ist sind klassische Beispiele der Umgang von Religionen mit Sexualität oder mit der Gleichberechtigung von Frauen und Männern).

Die Formulierung **"Achtung vor dem Leben"** (Überschrift über die damaligen Artikel fünf bis sieben) birgt ebenfalls einiges an Konfliktpotential: Es ist eine Begrifflichkeit, die in der Abtreibungsdiskussion immer wieder auftaucht. Und gerade bei dieser Diskussion ist sie auch ein typisches Beispiel für unterschiedliche Menschlichkeitskonzepte: denn der Schutz des ungeborenen Lebens steht dem Schutz der Selbstbestimmung einer Frau über ihren Körper und über ihr zukünftiges Leben gegenüber – beides sind zweifellos menschliche Ideale.

Das Wort **Toleranz**, das in der Deklaration von 1997 über den Artikeln zwölf bis fünfzehn steht, ist – was oft vergessen wird – ein Bezugswort: es verlangt nach dem *"gegenüber .."*. Wer nicht klar sagt, wem gegenüber er oder sie tolerant ist, dem kann man auch Gleichgültigkeit vorwerfen. "Ich bin tolerant gegenüber anderen Kulturen" kann auch heißen, dass man Genitalverstümmelung akzeptiert, weil sie ja in einigen Kulturen althergebracht ist.

Auch eine Facette der **Religionsfreiheit** ist derzeit zunehmend in einem Diskussionsprozess: dann nämlich, wenn sich erwachsene religiöse Menschen die *Freiheit* nehmen, bereits kleinen Kindern eine Religion aufzuzwingen: durch die Taufe, die männliche (Beschneidung) und weibliche Genitalverstümmelung oder religiöse Kopfbedeckungen. Denn auch Kinder haben gemäß der UN Kinderrechtskonvention ein Recht auf Religionsfreiheit. Religionen bergen auch dann Konfliktstoff, wenn das Tragen religiöser Bekleidung im Arbeitsleben eines säkularen Landes als unangemessen oder provokant empfunden wird und streng religiöse Menschen lange arbeitslos sind, weil sie auf ihr Recht pochen, permanent ihre religiöse Kleidung zu tragen. Natürlich darf an der Religionsfreiheit nicht gerüttelt werden, aber sie sollte sich darauf beziehen, dass man Religionen im Privatleben ausübt und nicht im politischen und im beruflichen Leben.

Wenn schließlich im damaligen Artikel 17 geschrieben steht: "Liebe erfordert ... Liebe, **Treue und Vergebung**" kann damit das Tor geöffnet werden für Bestrafung von *untreuen* Frauen (z.B Steinigung) und eine moralische Verpflichtung, auch gewalttätigen und missbrauchenden Ehe-partnerInnen zu *vergeben* anstatt sich und eventuell betroffene eigene Kinder in Sicherheit zu bringen. Wer jemals Berichte aus Frauenhäusern gelesen hat, weiß, wozu es führen kann, wenn man in solchen Situationen zu oft vergibt.

ACHT PFLICHTEN STATT 19 ARTIKEL

Aufgrund dieser Kritik an der Erklärung der Menschenpflichten von 1997 werden in diesem Büchlein nur mehr acht Kriterien vorgeschlagen, um die genannten Missverständnisse zu vermeiden.

Sie verstehen sich als Diskussionsgrundlage: für eine Diskussion zwischen "Einheimischen" und Personen "mit Migrationshintergrund" (diese Grenzen verfließen ja zunehmend, wenn bereits mehrere Generation in einem ursprünglich "neuen" Land leben), aber auch für eine Diskussion unter den Einheimischen (wenn etwa ein neues sozialpolitisches Thema wie das bedingungslose Grundeinkommen auftaucht) und zwischen Menschen mit dem gleichen Migrationshintergrund: wünschenswerterweise könnten jene Migrant*innen, die bereits länger im Zielland sind jenen, mit jenen, die neu ankommen in der gemeinsamen Muttersprache über diese acht Themen diskutieren.

Unter den "Einheimischen" wird es durchaus auch Generationsunterschiede geben, was das Thema Menschenpflichten betrifft: wir alle wissen, dass die Kriegsgeneration in einigem anders dachte als jene

Generationen, die danach kamen. Auch hier kann eine Diskussion nicht schaden – wenn sie denn respektvoll geführt wird.

HAUPTTEIL

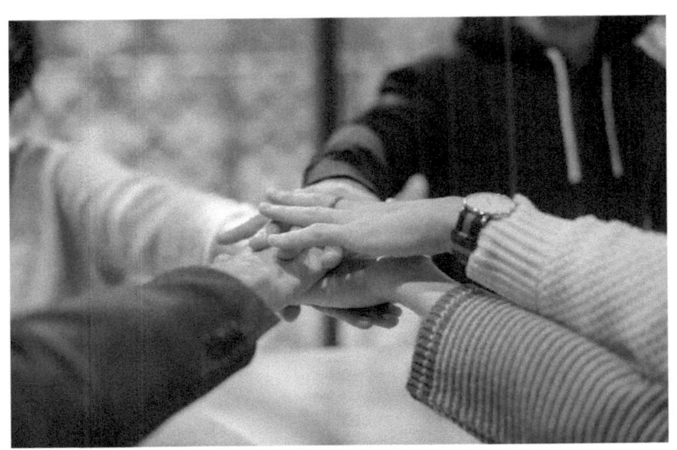

AKTIVE UND PASSIVE PFLICHTEN

Ich möchte die acht Menschenpflichten in vier eher "aktive" Pflichten und vier eher "passive" Pflichten unterteilen. Es ist durchaus möglich, dass manche Leser und Leserinnen der Meinung sind, die acht Pflichten überschneiden sich: Auch eine Diskussion darüber ist – wie vorhin erwähnt – sinnvoll und erwünscht, denn es handelt sich ja um eine Diskussionsgrundlage.

Die vier eher aktiven Menschenpflichten sind:

- Interesse
- Kommunikative Kompetenz
- Hilfsbereitschaft
- Rücksicht

und als aktiv bezeichne ich sie deshalb, weil sie meist eine Handlung, eine Aktivität erfordern.

Die vier eher passiven Pflichten sind:

- Friedlichkeit
- Ehrlichkeit
- Respekt
- Verlässlichkeit

und als passiv bezeichne ich sie, weil sie auch im Verharren, in der Nicht-Aktivität bewiesen werden können (z.B.: keine Gewalt anzuwenden, nicht zu lügen).

1

INTERESSE ZEIGEN

“Ich interessiere mich dafür, nach welchen Vorstellungen, Grundsätzen und Regeln die Menschen leben, in deren Land oder in deren Umgebung ich jetzt lebe oder leben will. Ich lerne die Landessprache, ich stelle Fragen und höre mir aufmerksam die Antworten an. Ich interessiere mich für kulturelle Eigenheiten, für die übliche Höflichkeit, für Gebräuche und Feste. Ich interessiere mich für das politische System.

Dafür gehe ich mit Interesse auf andere Menschen zu und informiere mich auch mit Hilfe anderer Informationsquellen wie Bücher, TV, Radio, Internet, Vorträge und Kurse.

Und ich interessiere mich dafür, wie meine eigene Biographie, meine eigene Kindheit sich von der Kindheit anderer Menschen unterscheidet – und welche psychologischen Auswirkungen das haben könnte.”

Anmerkungen zu dieser Menschenpflicht:

Wer von einem kriegerischen Land in ein friedliches Land kommt, sollte ein Interesse daran haben zu erfahren, warum dieses Land friedlich ist – wie das bereits im Eingangsstatement des jungen Flüchtlingspaares gleich am Anfang dieses Buches zu lesen war.

Und wer aufgrund von Armut im Herkunftsland in ein Land kommt, in dem weitgehender Wohlstand herrscht, sollte ein Interesse dafür zeigen, warum dieses Land diesen Wohlstand hat.

Wer dann längerfristig in diesem Land leben will, muss sich natürlich auch für die kulturellen Besonderheiten in diesem Land interessieren: die Sprache, die Umgangsformen, die Gesetze, die Formen des Zusammenlebens und –arbeitens, der Umgang mit Religionen.

Bezüglich der Friedlichkeit müssen sich Menschen mit Faktoren wie Demokratie, Gewaltfreiheit (vor allem auch in der Erziehung!), Rechtsstaatlichkeit, Pressefreiheit, Gleichberechtigung und sozialer Inklusion auseinandersetzen – auf diese Faktoren wird später noch detaillierter eingegangen.

Bezüglich des Wohlstandes gibt es zwar eine durchaus berechtigte Kritik an einer europäischen Wirtschaft, die viele Ressourcen aus anderen Länder (vor allem in Afrika) ausgebeutet hat und dies teilweise noch immer tut. Andererseits begründet sich der Wohlstand in Europa einerseits ganz sicher auf die weitgehende Abwesenheit von Korruption (siehe etwa der weltweite Korruptionswahrnehmungs-Index / Corruption perceptions Index), die auf anderen Kontinenten weitaus häufiger anzutreffen ist.

Andererseits ist ein weiterer Faktor für den Wohlstand in Europa, dass durch den gleichberechtigten Zugang zum Arbeitsmarkt so viele Frauen ihr Know How und ihre Fähigkeiten in die europäische Wirtschaft einbringen (also das Thema Gleichberechtigung) – während in Kulturen der Geschlechtertrennung die Ressourcen der weiblichen Bevölkerung oft brachliegen.

In Bezug auf Religionen muss der interessierte Mensch herausfinden, ob die Friedlichkeit in einem Land auch darin begründet ist, dass Religionen weitgehend im Privaten und in religiösen Räumlichkeiten ausgeübt werden, womit Konflikte zwischen Religionen im öffentlichen Raum und im Berufsleben vermieden werden.

Wenn er aus einem religiösen Land kommt, könnte es interessant für ihn sein, welche Sinnkonzepte es abseits von religiösen Lehren gibt: dann könnte er etwa die Bücher Viktor Frankl und Elisabeth Lukas, Tatjana Schnell oder Victoria Rationi lesen.

Es ist also eine Menschenpflicht, sich für die vielfältigen Facetten einer Gesellschaft / eines Landes zu interessieren, wenn man in ihr längerfristig leben möchte.

2

KOMMUNIKATIVE KOMPETENZ ENTWICKELN

"Ich werde versuchen, mir möglichst alle kommunikativen Fähigkeiten anzueignen, die ich in dieser Gesellschaft / in diesem Land benötige, um mit anderen Menschen gut auszukommen: das bedeutet nicht nur, die jeweilige Sprache zu erlernen, sondern auch die grundlegenden Fähigkeiten, zuzuhören und Fragen zu stellen sowie etwas von mir selbst zu erzählen und auf Fragen zu antworten.

Ich befasse mich mit den höflichen Umgangsformen in diesem Land und praktiziere sie, so lange ich hier lebe.

Des Weiteren muss ich bereit sein, Meinungen, die nicht meinen eigenen entsprechen, in der Diskussion zuzulassen und Entscheidungen die in meiner Community von der Mehrheit getroffen wurden, zu akzeptieren (im Großen betrifft das natürlich die Demokratie), also Kompromisse zu schließen.

Ebenso muss ich bereit sein, andere Gesprächspartner unabhängig von ihrem Geschlecht, ihrer ethnischen Herkunft, sexuellen Orientierung und ihrer Weltanschauung (religiös oder politisch) als kommunikativ gleichberechtigt zu behandeln. Ich übe keine verbale Gewalt aus, indem ich jemandem das Wort verbiete, bloß weil ich die Meinung nicht teile – es gilt in einer Diskussion das bessere Argument.

Ich befasse mich mit dem Modell der "gewaltfreien Diskussion" (nach Marshall Rosenberg), um Konfliktsituationen verbal friedlich zu bewältigen.

Wenn ich bisher nicht mit digitaler Kommunikation vertraut war, eigne ich mir die wichtigsten Kenntnisse dazu an (SMS und Emails schreiben, Webseiten aufrufen), vor allem wenn ich sie für meine Arbeit oder die Jobsuche benötige oder benötigen werde."

Anmerkungen zu dieser Menschenpflicht

Das Erlernen der Sprache wird von den meisten Migrationsexpert*innen als essentielle Voraussetzung für eine Integration – vor allem in den Arbeitsmarkt – angesehen.

Natürlich ist das Lernen einer neuen Sprache für viele Menschen nicht einfach. Jedoch sollten Menschen mit Migrationshintergrund versuchen, die wichtigsten Worte (etwa: Begrüßung, bitten, danken, einkaufen etc.) zu erlernen – ebenso wie die, eventuell andere, Schrift im neuen Land.

Dort wo es keine leistbaren Sprachkurse gibt, sollten kostenlose Angebote gesucht werden, wie etwa: Sprachcafes, TANDEM-Partner*innen, Online-Sprachkurse (Videos im Internet).

Auch der Kontakt zu Einheimischen, also der Versuch, Freund*innen zu finden, wird die kommunikative Kompetenz verbessern: auch für Freizeitgruppen (gemeinsam Wandern, Kegeln, Nordic Walken) gibt es Internet-Plattformen wie etwa meetup.com oder groops.at / de, über die man Menschen kennen lernen kann.

So gut wie jede*r europäische Tourist*in, der oder die sich in anderen Ländern religiöse Einrichtungen ansieht, richtet sich dort nach den Informationen, die einem dafür mitgeteilt werden, etwa: in einer religiösen Stätte die Schuhe auszuziehen, nicht leicht bekleidet eine Kirche / eine Moschee / eine Synagoge zu betreten, als Frau den Kopf zu bedecken usw. Es wäre wünschenswerkt – auch wenn das ein sensibles Thema ist – wenn Personen mit Migrationshintergrund sich auch in der nonverbalen Kommunikation (bei der auch die Kleidung eine Rolle spielt) an das Land anpassen, in dem sie längerfristig leben wollen bzw. das sie als Flüchtlinge aufgenommen hat: und das bedeutet in den weitgehend säkularen Ländern Europas meistens, religiöse Symbole in der Öffentlichkeit beiseite zu lassen.

Denn obwohl die meisten europäischen Länder eine historisch lange christliche Tradition haben, trägt so gut wie niemand große Kreuze, um seine Gläubigkeit öffentlich zu zeigen. Es herrscht hingegen die Auffassung, dass man religiöse Menschen an ihrem Verhalten erkennen sollte – etwa an ihrer besonderen Freundlichkeit oder Hilfsbereitschaft. Aus europäischer Sicht wäre es daher bedauernswert, wenn man die Religiosität eines Menschen nur an seiner Kleidung erkennt, nicht jedoch an seinem Verhalten.

In Bezug auf höfliche Umgangsformen ist es weitgehend so, dass man sich in Europa zur

Begrüßung die Hand gibt, unabhängig vom Geschlecht, und dass Männer und Frauen auch alleine miteinander kommunizieren dürfen, ohne die verpflichtende Anwesenheit einer Begleitperson.

Und es gibt in der deutschen Sprache (im Englischen und in Schweden ist das ja anders) noch die Unterscheidung zwischen "Du" und "Sie", die man kennen sollte, wenn man im deutschen Sprachraum lebt.

3

HILFS-
BEREITSCHAFT

“Ich bin bereit, andere Menschen zu unterstützen, wenn ich die Zeit und die Möglichkeit dazu habe. Ich warte nicht nur darauf, dass mich jemand um Unterstützung bittet, sondern ich sehe mich selbst in meiner Umgebung und in ”der Welt” um (siehe Punkt: INTERESSE), um herauszufinden, ob ich irgendwo mithelfen kann.

Ich kann das in meiner Familie (Kinderbetreuung, Haushalt, Pflege älterer Personen) machen, aber auch in der Nachbarschaft oder durch eine ehrenamtliche Tätigkeit (es gibt Freiwilligenzentren in fast jeder größeren Stadt).

Und ich kann mithelfen, die Natur zu schützen, indem ich umweltbewusst lebe, konsumiere, den Abfall trenne, nicht zu viel Auto fahre oder sogar ab und zu eine Verschmutzung beseitige (Stichwort “Litter Movement” oder “Plogging”).“

Anmerkungen zu dieser Menschenpflicht

Hilfsbereitschaft: muss man denn diesen Begriff noch weiter erklären? Vielleicht doch.

Hilfsbereitschaft heißt in den weitgehend säkularen Ländern Europas auch, dass sich Frauen und Männer gegenseitig unterstützen – das dürfte in einigen Herkunftsländern, aus denen Flüchtlinge derzeit oft zu uns kommen nicht selbstverständlich sein.

Einerseits gibt es diese gegenseitige Unterstützung im Privatleben, wo sich auch Männer zunehmend an der Kinderbetreuung und am Haushalt beteiligen, andererseits gibt es diese Unterstützung auch in der Politik und zunehmend in der Wirtschaft:

Seit es Statistiken zum "Gender Pay Gap" – also zu den Gehaltsunterschieden zwischen Frauen und Männern gibt, oder etwa den "Equal Pay Day" (jenen Tag im Jahr, an dem die Männer durchschnittlich bereits jenes Jahreseinkommen erzielt haben, für das die Frauen ein ganzes Jahr arbeiten müssen), kann es sich keine politische Kraft mehr leisten, nicht für die Gleichberechtigung einzutreten: Daraus folgen etwa Programme zur Gleichstellung, Quotenregelungen für politische Ämter, Frauenförderungsprogramme in der Arbeitsmarktpolitik und in der Wissenschaft.

Wirklich moderne Unternehmen in der Privatwirtschaft – aber auch öffentliche oder halböffentliche Einrichtungen – haben meist Programme zur "Gender Balance" (etwa: Buch von P. Jedlicka) und zur besseren Vereinbarkeit von Kinderbetreuung und Beruf eingeführt: die familienorientierten Programme haben zunächst die Situation der berufstätigen Mütter verbessert, stoßen aber zunehmend auch bei Vätern auf positive Resonanz, die mehr Zeit mit ihren Kindern verbringen wollen.

Aktive Vaterschaft ist übrigens ein Thema, das vermutlich weitreichende positive psychologische Folgen hat: anwesende, liebevolle Väter sind einerseits ein positives Vorbild für kleine Jungs / Buben: dieses Vorbild einer fürsorglichen Männlichkeit ("caring Masculinity") ist ja das Gegenmodell einer "toxischen Männlichkeit" (toxic Masculinity), die sich durch Härte, Rücksichtslosigkeit und Brutalität auszeichnet. Nach den Theorien der „Psychohistorie" ist eine liebevolle, gewaltfreie Erziehung das Fundament für friedliche Gesellschaften – und das scheint sich in Europa ja laufend zu bewahrheiten (Auch hier sind wieder nur die Länder der Europäischen Union gemeint, denn laut internationalen UNICEF Reports ist etwa in einigen Balkanstaaten die Gewalt gegen Kinder noch häufiger anzutreffen – dass es dort noch massivere Konfliktherde gibt, ist bekannt). Wer mehr über diese Theorie lesen möchte, dem sei das Buch "Parenting for a peaceful world" von Robin Grille empfohlen, der es auch in einem TED Talk im Internet sehr gut erklärt.

Hilfsbereitschaft in einem weiteren Sinn sollte in einer solidarischen Gesellschaft auch heißen: "Wenn ich arbeitslos bin, staatliche Geldleistungen erhalte und meine beruflichen Idealvorstellungen nicht verwirklichen kann, arbeite ich in einem anderen Beruf, weil ich einen Beitrag zu dieser Gesellschaft leisten möchte". Vor allem wer noch nicht so gut die Landessprache spricht, muss vermutlich, auch wenn er oder sie im Herkunftsland hochqualifiziert war, übergangsweise einen einfacheren Job beginnen – auch um die Sprache besser einzuüben. Und es soll Flüchtlinge geben, die sagen: "Ich bin diesem Land dankbar, dass es mich aufgenommen hat – mir ist es egal, was ich arbeite, Hauptsache ich kann diesem Land etwas zurückgeben". Wer in der Geschichte Europas zurückblickt wird erkennen, dass es viele Flüchtlinge aus Europa im zweiten Weltkrieg in anderen Ländern genauso gemacht haben.

In Bezug auf das Thema Religiosität und Berufsleben sollte das auch heißen: "Wenn es in dem Land, das mich aufgenommen hat und das mir eine Basisfinanzierung gewährt, nicht üblich ist, dass Menschen im Beruf religiöse Kleidung tragen, dann passe ich an diesen Umstand an, weil ich aus Dankbarkeit diesem Land gegenüber einen Beitrag für die Wirtschaft in diesem Land leisten will." Wie bereits vorher im Text erwähnt, passen sich ja auch die meisten Europäer*innen, die in anderen Ländern leben, den dortigen Gebräuchen an.

4

RÜCKSICHT

“Ich nehme Rücksicht, wenn ich erkenne, dass ich jemand anderen störe, oder die Grenzen eines anderen Menschen überschritten habe: es ist ein aktiver Prozess des Rückzuges oder der Verhaltensänderung, wenn ich durch mein bisheriges Verhalten jemand anderen beeinträchtigt habe.”

Anmerkungen zu dieser Menschenpflicht

Die Freiheit eines Menschen endet dort, wo die Freiheit des jeweils nächsten beginnt. Dieses Prinzip wird weiter unten ausführlich bei der Menschenpflicht Respekt beschrieben.

Ein kurzes Beispiel: die Freiheit, meine Lieblingsmusik so laut aufzudrehen wie ich will, endet dort, wo ein Nachbar oder eine Nachbarin sich gestört fühlt – sie möchte ihre Freiheit, sich auszuschlafen oder muss vielleicht konzentriert etwas lernen.

Menschen aus unterschiedlichen Kulturen haben unterschiedliche Lebensstile. Nach einer Migration in ein neues Land geht es darum, herauszufinden (siehe vorher: Interesse!) wo der bisherige eigene Lebensstil andere Menschen stört.

Es mag klischeehaft klingen, aber die typischen interkulturellen Konflikte im Zusammenleben sind: Lautstärke (afrikanische Kulturen), die Nachtruhe, die in anderen Kulturen möglicherweise verschoben war (abends länger aufbleiben, morgens später aufstehen), das Kochen von stark riechenden Speisen, ein Kindererziehungsstil, der von "laissez faire" geprägt ist ("Die Kinder können machen was sie wollen"), was zu "lauten" Kindern führen kann, die permanent um die Aufmerksamkeit der Eltern kämpfen. Das

Unwissen um Mülltrennung, das Ärger hervorrufen kann, wenn andere sehen, dass Problemstoffe im allgemeinen Hausmüll landen.

Es geht also insgesamt darum, sein Verhalten zu ändern, wenn man erkannt hat, dass man damit andere Menschen stört. Natürlich gibt es unterschiedliche Auffassungen von "Ruhe", d.h. es gibt wohl empfindlichere als auch unempfindlichere Menschen in Bezug auf Lautstärke. Aber es dürfte doch so sein, dass Kulturen die weiter nördlich auf der Landkarte zu finden sind, mehr Wert auf Ruhe legen als südlichere Kulturen (so werden ja etwa die Finnen immer wieder als besonders wortkarg beschrieben). Die südlichen Kulturen werden übriges im Urlaub von Europäer*innen durchaus geschätzt: da tanzt man schon mal eine heiße Nacht durch und schätzt das späte lebendige Treiben in südlichen Städten. Nur zu Hause möchte man dann wieder ab spätestens 22 Uhr eine absolute Ruhe (die ja auch oft gesetzlich geregelt ist).

Und auch hier geht es beim Umgang der Geschlechter miteinander darum, dass die Freiheit der Lebensgestaltung eines Mannes in einer gleichberechtigten Gesellschaft dort endet, wo die Freiheiten der Frau in Bezug auf ihre Wünsche der Lebensgestaltung beginnen – und der Mann zurücktreten muss, wenn er diese Freiheiten eingeschränkt hat.

5

FRIEDLICHKEIT

"Ich löse Konflikte nicht mit Gewalt, sondern durch Verhandeln, durch Kommunikation. Ich verletze und töte nicht und bin mir dessen bewusst, dass auch psychische Gewalt (Beschimpf-ungen, Ignorieren) und Zwang eine Form der Gewalt sind. Insbesondere behandle ich Frauen und Kinder gewaltfrei.

Kriminelle Akte, die mir widerfahren könnten, werden in einem demokratischen Land über ein von der Exekutive getrenntes Justizsystem geregelt und sanktioniert, daher gibt es keinen Platz für Selbstjustiz oder Bestrafungen, die in anderen Rechtssystem oder meiner bisherigen Kultur zulässig waren.

Ich nehme keine rituellen medizinischen Eingriffe vor und zwinge auch niemanden, sich diesen zu unterziehen."

Anmerkungen zu dieser Menschenpflicht

Friedlichkeit und Gewaltfreiheit sind in fast jeder Gesellschaft und jeder Religion hohe Ideale. Dennoch gibt es das "Religionsparadox" (Victoria Rationi), das darin besteht, dass interessanterweise die am wenigsten religiösen Länder (also die säkularsten Länder) in internationalen Statistiken offensichtlich die friedlichsten sind.

Jeder religiöse Mensch, der aus einem hochreligiösen Land nach Europa flüchtet, muss sich also früher oder später mit der Frage befassen, warum die Religiosität in seinem Herkunftsland es nicht bewerkstelligen konnte, dass es dort ein friedliches Zusammenleben gibt? Wer dann möglicherweise einer anderen Religion im Herkunftsland die Schuld an Konflikten gibt muss sich eine weitere Frage stellen: Ist es dann nicht besser, sämtliche religiöse Aktivitäten und religiöse Symbole nur mehr im Privatleben zu verwenden bzw. zu praktizieren? Denn in säkularen Ländern erkennt man im Alltag gar nicht mehr die Religionszugehörigkeit des jeweils anderen: damit wird ein Konfliktfeld "ausgeschaltet".

Gewaltfreiheit und Friedlichkeit sind Themen, die in der Kindererziehung beginnen müssen. Auch hier besteht derzeit die traurige Tatsache, dass Gewalt gegen Kinder in vielen Ländern der Welt noch sehr hoch ist. Der aktuellste derzeit verfügbare weltweite UNICEF Bericht dazu ist "A familiar face" (2017): man kann ihn kostenlos als PDF von der UNICEF Webseite downloaden.

Ganz aktuelle Daten über die Situation von Kindern in einzelnen Ländern finden sich auf der Webseite der Organisation "End corporal punishment" (www.endcorporalpunishment.org)

Ganz deutlich sichtbar wird hier – und auf der Wikipedia Seite über "corporal punishment", dass es in den meisten Ländern der Europäischen Union erfreulicherweise bereits länger ein Verbot der Gewalt gegen Kinder gibt. Auch der bereits erwähnte australische Kinderpsychologe Robin Grille stellt einen direkten Zusammenhang zur Friedlichkeit der jeweiligen Länder her: je früher es das Gewaltverbot in der Erziehung in einem Land gab, desto friedlicher ist das ganze Land zum heutigen Zeitpunkt.

Bestätigt wird diese Theorie etwa durch den deutschen Neurowissenschafter Joachim Bauer, der in seinem Buch "Schmerzgrenze" in Bezug auf den einzelnen Menschen feststellt: nur jemand der selbst als Kind Gewalt oder Missachtung erfahren hat, ist dazu fähig, selbst gewalttätig zu werden. Was nicht heißt, dass im Umkehrschluss alle Menschen, die Gewalt erlebt haben zu Gewalttätern werden! Jedoch ist das Gewaltpotential fast ausschließlich in Menschen vorhanden, die selbst misshandelt wurden.

Eine weitere Bestätigung dieser Theorie findet sich dann, wenn man die Kindheit von Kriegstreibern, Terroristen, Amokläufern untersucht, wie das vor kurzem Sven Fuchs in seinem Buch "Die Kindheit ist politisch!" getan hat. Wer die Biographien dieser Menschen (oft: Präsidenten von kriegerischen Staaten) genauer durchleuchtet findet dort ebenfalls Gewalterfahrungen in der Kindheit.

Die Menschenpflicht zur Friedlichkeit muss anscheinend in der Familie beginnen: in einer gewaltfreien Erziehung von Kindern – und natürlich auch im Gewaltverbot gegen Frauen. Es ist in der Europäischen Union nicht zulässig, aufgrund von religiösen Texten Gewalt gegen Frauen oder Kinder auszuüben. Hier unterscheidet sich übrigens Europa von den USA, denn dort wird vor allem im "Bible Belt" durchaus noch gepredigt, dass das Schlagen von Kindern durchaus zulässig ist. Skandalöser weise haben die USA auch als letztes verbleibendes UN Mitglied die UN Charta der Kinderrechte nicht ratifiziert, was im Internet unter dem Hashtag #ratifycrc diskutiert wird.

Es gibt jedoch nicht nur die körperliche Gewalt, es gibt auch den Begriff "strukturelle Gewalt", der vom

Friedensforscher Johan Galtung geprägt wurde: damit gemeint sind gesellschaftliche Regelungen, die die Freiheit des Einzelnen einschränken, selbst wenn das für das Zusammenleben gar nicht notwendig wäre. Das können politische Repressalien sein, aber auch religiöse Regelungen ("kulturelle Gewalt"), die zu Unterdrückung führen.

Erstaunlicherweise gibt es aber auch das Phänomen der willigen Unterwerfung unter Zwangsbestimmungen. Wer diesen Effekt beobachtet und verstehen will, sollte sich mit dem Begriff "autoritärer Charakter" bzw. "autoritäre Persönlichkeit" befassen: Im Wesentlichen geht es dabei darum, dass Menschen, die als Kind Zwang erlebt haben, sich auch als Erwachsene in einem Zwangssystem wohl fühlen können, weil ihnen dort Entscheidungen abgenommen werden, die sie sonst selbst treffen müssten. Hilfreich zum Verständnis dieses Phänomens sind die psychologischen Bücher von Arno Gruen.

All diese Themen führen zur nächsten Menschenpflicht: der Ehrlichkeit

6

EHRLICHKEIT

“Ich lüge nicht. Und ich belüge mich auch nicht selbst:

Ich versuche, Wahrheiten über mich selbst und meine Biographie, also meine eigene Vergangenheit (meine Kindheit) und die Geschichte meiner Herkunftskultur herauszufinden, um mein eigenes Verhalten und meine Gefühle besser zu verstehen – insbesondere dann, wenn sich mein Verhalten vom Verhalten jener Menschen unterscheidet, die in der für mich neuen Kultur leben.”

Anmerkung zu dieser Menschenpflicht

Dass man nicht lügt, dürfte wohl ebenso ein Grundpfeiler der Moral in jedem Land und in jeder Kultur sein. Muss man also Weiteres dazu sagen?

Vielleicht dann, wenn es um die Ehrlichkeit bezüglich der persönlichen Rückschau geht, um die Ehrlichkeit sich selbst gegenüber: dann, wenn man auf sein bisheriges Leben und seine bisherige Kultur zurückblickt.

Wie in den vorigen Abschnitten mehrfach erwähnt wurde, kommen viele Flüchtlinge nicht nur aus Ländern mit kriegerischen Konflikten, sondern gleichzeitig aus Ländern mit einer oft höheren familiären Gewalt: gegen Kinder, aber auch gegenüber Frauen.

All diese traurigen Umstände treten erstaunlicherweise stärker in hochreligiösen Gesellschaften auf, wie die Religionswissenschafterin Victoria Rationi in dem bereits erwähnten Buch "Das Religionsparadox" feststellt (wer übrigens die von ihr genannten Statistiken genauer durchsieht, muss eigentlich zu dem Schluss kommen, dass es sich vor allem um ein "muslimisches Paradox" handelt, da die Statistiken der UNICEF vor allem in muslimisch dominierten Ländern eine hohe Gewalt gegen Kinder ausweisen).

Wenn also Flüchtlinge aus hochreligiösen Ländern nach Europa kommen, müssen sie ehrliche Antworten finden auf Fragen wie:

“Bin ich mir dessen bewusst, dass ich aus einer Kultur komme, in der Kinder anders behandelt werden als in Europa?” oder sogar:

“Bin ich als Kind misshandelt worden?” und “Was hat das bei mir bewirkt?” – “Was hat das bei unserer Generation bewirkt?”

“Welches Männlichkeitsideal wurde mir vermittelt?” – “Ist mein Vater ein Vorbild für mich gewesen?” oder “Hat mich mein Vater überhaupt geliebt?” – “War mein Vater distanziert und abwesend und habe ich mir deshalb andere Vorbilder gesucht?”

Dieselben Fragen sollten sich natürlich auch Frauen mit Migrationshintergrund stellen: “Welches Weiblichkeitsideal wurde mir vermittelt?” – “Hat mich meine Mutter überhaupt geliebt” (und falls ja, eventuell auch: “Warum hat sie mich dann geschlagen?”)

“Welche Auswirkungen hatte in meiner bisherigen Kultur das Gebot des Respekts Eltern gegenüber?” – “Ist es in meiner Kultur ein Faktor dafür, dass über Gewalt gegen Kinder nicht gesprochen wird” (und sie sich deshalb fortsetzt).

“Sind wir – im Gegensatz zu europäischen Jugendlichen – so stark zum Gehorsam erzogen worden, dass wir uns über viele Aspekte des menschlichen Lebens gar keine eigene Meinung gebildet haben – weil das selbständige Denken nicht erwünscht war?”

Eventuell: “Ergeben die kulturellen Regeln, die es in meiner bisherigen Kultur für den Umgang von Frauen mit Männern gab aus europäischer Sicht überhaupt einen Sinn?” – “Sind meine bisherigen Ansichten über Sexualität – auch über Homosexualität – daraus entstanden, weil ich gar keine Gelegenheit hatte, andere Ansichten kennenzulernen” (es gibt übrigens auf Wikipedia internationale Statistiken zum Bildungsgrad einzelner Länder – den Education Index – und einen eigenen Wikipedia Artikel zu “Religion and Education”).

“Sollten die Menschen, die aus meinem Land nach Europa gekommen sind und die die Friedlichkeit und die Sicherheit hier genießen nicht von den Europäern lernen?” – “Leben wir hier nicht in einer Gesellschaft, in der es fast keine Zwänge mehr in Bezug auf das Geschlechterverhältnis, die Sexualität und die Homosexualität gibt und die trotzdem funktioniert?”

“Können Gesellschaften nicht auch ohne Religion friedlich und solidarisch sein?” (Der amerikanische Säkularitätsforscher Phil Zuckerman hat übrigens Bücher zu dem Thema geschrieben “Society without

God" und "Living the Secular Life") – "Sollten nicht auch wir unsere Religion nur im Privaten ausüben, wenn es in diesem Land so üblich ist – und auf religiöse Symbole und Kleidung in der Öffentlichkeit verzichten, wenn es ein potentieller Konfliktherd mit der säkularen Bevölkerung ist?"

All das sind Fragen, auf die Menschen mit Migrationshintergrund ehrliche Antworten finden sollten – und die sie untereinander ehrlich diskutieren sollten. Vor allem jene, die aus einem Land kommen, in dem Gewalt und Unterdrückung herrscht oder geherrscht hat.

Wenn es sich jedoch um Menschen mit Migrations- oder Fluchthintergrund handelt, die nicht in Europa bleiben wollen, sondern bald zurück in ihre Heimat reisen wollen, haben diese Fragen wohl weniger oder keine Relevanz. Dennoch sind Fragen der persönlichen Biographie wohl für jeden Menschen – egal ob mit oder ohne Migrationshintergrund – wichtig. Da der Mensch so manches vergisst oder verdrängt, gibt es in Europa eine bereits durchaus akzeptierte Kultur der Psychotherapie und psychologischen Beratung: niemand sollte zu stolz oder zu ängstlich sein, sich mit Hilfe einer professionellen Beratung wichtigen Lebensthemen zu stellen, vor allem dann, wenn man unter Ängsten, Einsamkeit, Aggression und Hass, Depressionen, Familienkonflikten oder sexuellen Problemen leidet.

Auch diese Offenheit für Psychotherapie ist ein wichtiger Aspekt der Ehrlichkeit sich selbst gegenüber.

7

RESPEKT

"Ich erkenne, dass meine eigene Freiheit dort endet, wo die Freiheit des anderen beginnt. Das beinhaltet natürlich den Respekt vor dem Eigentum und dem Wohnraum des anderen. Es beinhaltet aber auch den Respekt vor der individuellen Lebensweise des anderen, auch wenn sie mir nicht gefällt oder wenn ich sie nicht verstehe - wenn sie den anderen sieben Menschenpflichten nicht widerspricht.

Und natürlich habe ich Respekt vor der natürlichen Umwelt (Thema Umweltschutz) und versuche sie zu schützen und zu bewahren."

Anmerkungen zu dieser Menschenpflicht

Diese Menschenpflicht beinhaltet das wohl allgemein akzeptierte Verbot, etwas zu stehlen, also den Respekt vor dem Eigentum der anderen.

Aber es betrifft auch den Respekt vor anderen Lebensstilen und der persönlichen Freiheit von anderen Menschen.

Wie es bereits bei den vorangegangenen Menschenpflichten immer wieder angesprochen wurde, sind die Konfliktpunkte dabei die vor allem die Gleichberechtigung von Frauen, die Erziehung von Kindern und der Umgang mit Homosexualität.

Frauen haben in Europa die gleichen Rechte wie Männer, das heißt: Männer müssen die Entscheidungen von Frauen respektieren – es ist nicht erlaubt, als Mann eine Frau zu irgendetwas zu zwingen (schon gar nicht mit Gewalt!). Das müssen auch Menschen mit Migrationshintergrund aus Ländern, in denen das nicht so ist, lernen, wenn sie in Europa leben wollen.

Mittlerweile gibt es in vielen westlichen Ländern übrigens sogar Männerinitiativen, die diese Gleichberechtigung nicht nur akzeptiert haben, sondern sich sogar dafür stark machen: Da gibt es etwa die regionalen "HeforShe" Kampagne der UNO ("Er für sie") mit vielen Regionalgruppen oder die "White Ribbon Kampagne" von Männern gegen Gewalt an Frauen, die es mittlerweile in rund 50 Ländern weltweit gibt.

Für viele europäische Männer ist der Respekt gegenüber der Eigenständigkeit von Frauen nicht nur selbstverständlich, sie genießen es auch, dass es mit gleichberechtigten Frauen anregende Gespräche gibt und die finanzielle Verantwortung in einer Familie zwischen Frau und Mann geteilt werden kann. Ebenso freuen sich viele Väter über die Möglichkeit einer aktiven Vaterschaft: darauf, viel Zeit mit ihren Kindern verbringen zu können, was ebenfalls nur in einer Gesellschaft ohne Rollenzwänge möglich ist.

Respekt vor der Entwicklung des Kindes gebietet es selbstverständlich, es nicht zu misshandeln: weder körperlich noch psychisch. Wer sich als Elternteil diesbezüglich unsicher ist, findet bei Sozialämtern jederzeit eine kostenlose Beratung über gewaltfreie Erziehungsmethoden.

Respekt vor den Lebensstilen anderer Menschen heißt natürlich auch, dass Homosexualität und andere sexuelle Orientierungen oder Formen des Zusammenlebens akzeptiert werden. In säkularen Gesellschaften werden Menschen ausschließlich danach beurteilt, ob sie ehrlich sind, das Eigentum von anderen respektieren und sich friedlich und solidarisch verhalten: wenn das so ist, gibt es keinen Grund, sie an einem individuellen Lebensstil zu hindern.

Respekt bringt man auch anderen Lebensanschauungen entgegen: sei es nun religiös, politisch, oder in Bezug auf die bevorzugte Musik oder Fußballmannschaft. Wenn Religionen in den jeweiligen Gotteshäusern und in den Wohnungen praktiziert werden, und nicht Prinzipien predigen, die den Menschenrechten widersprechen, gibt es keinen Grund, sie zu kritisieren. Politische Differenzen werden in Diskussionen geklärt und von einem freien Journalismus kritisch kommentiert. Jeder Mensch kann eine neue Partei gründen und bei Wahlen antreten. Es gibt in demokratischen Ländern das Recht zu demonstrieren und Bürgerinitiativen zu gründen, wenn man mit politischen Entscheidungen nicht einverstanden ist.

8

VERLÄSSLICHKEIT

"Ich halte das ein, was vereinbart war.

Ich bin pünktlich."

Anmerkung zu dieser Menschenpflicht

Über diese Menschenpflicht gibt es am Wenigsten zu sagen.

Sie hat viel mit Ehrlichkeit und mit Respekt zu tun, ist jedoch ein Kriterium, das hier zusätzlich angeführt wird, weil Menschen auch dann die Harmonie stören, wenn sie zwar ehrlich und respektvoll waren, jedoch unzuverlässig.

Es geht hier auch oft um Pünktlichkeit, die in manchen anderen Kulturen anders interpretiert wird, und darum, Dinge rechtzeitig zu erledigen, die vereinbart waren.

Insgesamt ist es jedoch ein Thema, das wohl am wenigsten mit Migration oder Nicht-Migration zu tun hat, sondern für alle Menschengruppen in gleichem Ausmaß gilt, und bei dem es – mit Ausnahme des erwähnten Themas Pünktlichkeit – wohl am wenigsten Konflikte gibt – deshalb ist es auch die letzte der aufgezählten Menschenpflichten.

Abschließend:

EINE ANMERKUNG ZUR WERTEDEBATTE

Wenn es um das Thema Integration von Flüchtlingen und von Menschen mit Migrationshintergrund geht, werden oft "europäische Werte" beschworen.

In diesem Buch wird deutlich, dass wohl einerseits der Wert der Gleichberechtigung von Frauen, Männern und Menschen unterschiedlicher sexueller Orientierung in Europa wichtig ist, andererseits der Wert der Demokratie und der Gewaltlosigkeit.

Trotzdem gibt es kritische Literatur zur immer wieder auflebenden Wertediskussion bzw. Wertedebatte (etwa das wunderbare Buch "Zur Tyrannei der Werte") aus dem hervorgeht, dass diese immer wieder von politischen und ökonomischen Opinionleadern mit recht diffusen Motiven angestoßen wird.

Ich möchte hier den Begriff der "Wertebeweise" anregen. Was verstehe ich darunter: Jemand der von einem Wert spricht, muss dazusagen, welches

Verhalten seiner Meinung nach das Leben nach diesem Wert beweist.

Es gibt nämlich ziemlich missverständliche Werte: Wer auf “Familie” als Wert pocht, vergisst dabei möglicherweise, dass es innerhalb der Familie Konfliktherde gibt (etwa häusliche Gewalt), die man durch den Schutz von Kindern oder Frauen begrenzen muss. Familien sind ja keine Orte der perfekten Harmonie.

Wer den Wert der “Freiheit” betont, muss erklären, welcher Wertebeweis dafür gilt: denn die Freiheit, mit 100km durch eine Innenstadt zu brausen, wird es wohl nicht sein.

Ich plädiere also für ein Ende der Wertedebatten und für das klare Aussprechen von konkreten Verhaltenserwartungen, die auf bestimmten Prinzipien, nicht Werten, beruhen.

Die acht vorgeschlagenen Menschenpflichten sollen dazu eine Diskussionsgrundlage liefern.

WEITERE PUBLIKATIONEN VON KARL STICKLER:

- **„Trotz Langzeitarbeitslosigkeit sinnvoll tätig sein“** (Ebook)
- **„Wie das bedingungslose Grundeinkommen die gesellschaftliche Solidarität, Integration und Inklusion untergraben könnte.“** (Ebook)
- **„Gutes Leben für alle“** (Ebook)

Außerdem hat Karl Stickler mitgearbeitet bei der ersten Ausgabe von

- **„MITMACHEN – Zeitschrift für engagierte Menschen“** (gedruckte Publikation)

Alle Publikationen können auf www.bod.de bestellt werden, aber auch auf den meisten großen Bücher- und Ebook-Plattformen (auch auf Google Play).

Weitere Keywords für dieses Buch:

Asylwerber, Asylwerberinnen, Asylinformation, Christentum, Islam, Judentum, Emanzipation, Frauenemanzipation, culture clash, Männeremanzipation, Väterförderung, aktive Vaterschaft, Papamonat, Väterkarenz, Fluchtursachen, Kriegsursachen, Verteidigungspolitik, Friedenspolitik, Flüchtlingspolitik, Integrationspolitik, Friedenserziehung, Peace Building, peacebuilding, Friedensforschung, Gewaltfreie Erziehung, Gewaltschutz, Gewaltprävention, Kinderschutz, Gleichberechtigung, Homophobie, LGBT, LGBTI, LGBTIQ, Integration, Multikulturelle Gesellschaft, Multioptionale Gesellschaft, Muslimisches Paradox (Islamparadox , Muslimparadox), Psychologie, Religiosität, Frauenhaus, Frauenhäuser, Religionspsychologie, Religionssoziologie, Religionsphilosophie, Religionskritik, Religiophobie, Judeophobie, Christianophobie, Islamophobie, Säkularismus, Säkularität, Laizismus, Sinnforschung, Sinn des Lebens, Toleranz, Transgenerationale Weitergabe, Transgenerationale Traumatisierung, Wertedebatte, Wertediskussion, multikulturelle Gesellschaft, Religionswissenschaft, Integrationsdebatte, Integrationsdiskussion, politische Psychologie, Sozialpsychologie, Psychosoziologie, Migrationsforschung, Ethnologie, Kulturanthropologie, Sozialanthropologie, Syrien, Afghanistan, Nigeria, Iran, Irak, Türkei, Serbien, Jemen, Ägypten, Bosnien und Herzegowina, Russland, Tschetschenien., Ghana, Gambia, Tunesien, Algerien, Somalia, Flüchtlingsberatung, Asylberatung, Fluchtursachen, Fluchthintergrund, UNHCR, social progress, gender equality measure, gender index, human development index …

NOTIZEN: